Ye

1334

DISCOVRS DE LA

COVRT, PRÉSENTÉ AV ROY
par M. Claude Chappuys son libraire,
& Varlet de Chambre ordinaire.

Auec priuilege pour deux ans
1 5 4 3
On les vend en la Rue neufue Noſtre
dame a lenſeigne du Faulcheur
par Andre Roffet,

Le priuilege.

Il est permis de par monsieur le Preuost de Paris a Andre Roffet dict Le faulcheur, libraire de ceste ville de Paris de faire imprimer, vẽdre, & distribuer ce present discours de la Court, Cõpose & presente au Roy nostre sire par maistre Claude Chappuys Libraire & varlet de chambre ordinaire dudict seigneur, Et deffences a tous aultres libraires & imprimeurs de non imprimer, ou vendre, sinon de par ledict Roffet Iusques a deux ans incluz Sur peine de confiscation desdictz liures, & damende arbitraire.   Faict le xxi. iour de May Mil cinq cens xliij.
      Ainsi signe Morin.

AV ROY TRESCHRESTIEN Tresvertueux, & tresauguste, FRANCOYS, premier de ce nom.

PRES auoir maintz difcours difcouru,
Et en la Court tant nuict que iour couru
Afin de prendre, & prenant eftre pris,
Voulant fçauoir & ayant peu appris,
Pluftoft conduict de legiere ieuneffe
Qu'accompaigné d'une meure faigeffe:
Plus fot que fin, plus lourdauld que gentil,
Et beaucoup plus ignorant que fubtil:
I'ay eftimé honnefte & conuenable
A moy de dire, aux aultres aggreable
D'ouyr en brief, ce qu'en long temps i'ay veu:
Non que ie fois d'eloquence pourueu
Pour bien attaindre a matiere fi haulte
Que trop bas peult tumber qui y faict faulte:
Et n'y fault point trop ou trop peu toucher,
Contenter l'ung, & vng aultre fafcher,
Donner attache aux vngs couuertement,
Les aultres trop extoller haultement:
Mais ie fuis feur fi a tous ne puis plaire
Que pour le moins a nul ne veulx defplaire:
Car foit mon dire ou veritable ou faulx
Au champ d'aultruy ne veulx iecter la faulx,
Cherchant trop plus la raifon que la rithme,
Ny trop hardy ny trop pufillanime,
Gardant par tout la mediocrité,
Sans tranfgreffer les loix de liberté:
Dont nul ne doibt me iuger mefdifant,

Et beaucoup moins ou flateur, ou plaisant
Pour paruenir a mon poinct opportun.
D'estre fascheux, mal propre & importun
A tant de gentz est commun auec moy
Que ie n'en prens ny soucy ny esmoy.
En protestant que ie ne veulx former
Le Courtisan, & moins le reformer :
Car ce seroit marcher (a bien le prendre)
Sus vng grand feu cache d'ung peu de cendre,
De moy ie veulx non d'aultruy rendre cõpte.
Aimant l'honneur de tous, craignant la honte
Et le venin d'enuie, & sa morsure.
Ie me submetz a l'aduis & censure
De ceulx qui ont le meilleur iugement:
Car bon vouloir m'est seul coutentement.
Et n'entendz point la bouche au ciel leuer,
Blasmer le bien, & le mal approuuer:
Mais si mõ œuure en maintz lieux est mal pris
Des igorantz, & des scauantz repris,
Me reputant entre les bons poetes
Moins que Saul entre tous les prophetes,
Ce ne seront des roses espandues
Ains seullement des parolles perdues,
Et ne m'en veulx aultrement excuser,
Qui trop s'excuse, il se faict accuser,
Ou de vouloir vser de fiction,
Ou de parler par grande affection;

Et tel fouuent barbare fe dict eftre
Qui neantmoings docte veult apparoiftree
Quel moyen doncq y fcaurois ie tenir
Ny par quel bout commencer, ou finir?

Epuys qu'Adam le fruict voulut goufter
Dont il debuoyt le defir reiecter
Changeât la vie en mortelle douleur,
Felicite en mifere & malheur,
Le bien en mal, richeff en pauureté,
Repoz en peine, en malice bonté,
Le vray en faulx, doulceur en violence,
Le feur en doubté, en vice lin'nocene,
Tant a efte nature deprauee
En tous eftatz Corrumpue et greuee
Queie ne fcay fi doibz, comme heraclite,
Plourer, ou rire, ainfy que democrite:
Et quant de pres contemple & confidere
Qu'elle eft la farce heureufe, ou mal profpere,
Q'uon veoit iouer a plufieurs perfonnaiges,
Souuent meflez les folz parmy les faiges,
Suz lefchafault & theatre du monde,
Tant plus auant a y penfer me fonde
Tant plus me fens confuz & eftonne:
Et m'eft aduis que fuis enuironne
En mon efprit d'opinions diuerfes:
L'ung fe tient fort, lautre craind les trauerfes,
L'ung plaint fon aage, & lautre maladie,

Et n'y a fin a cefte tragedie,
L'ung eft oyfif en grand folicitude,
Et l'aultre libre en dure feruitude,
Autant de gens autant d'actes diuers.
L'ung a choify pour lendroict tout lenuers,
L'ung en richeffe eft poure tant eft chiche,
En poureté l'aultre trenche du riche.
La plufgrand part plus ha, plus fe tourmente,
Et n'en veois nul qui d'affez fe contente.
L'ung ha plaifir, & l'aultre eft languoureux.
Et fi i'auoys l'efprit affez heureux
Pour figurer fi eftrange fpectacle
On le tiendroit pour fable, ou pour miracle.
Mais quoy? ie fuis tout plein d'obfcurité
Cherchant par tout la claire verité
Pour y trouuer le chemin & la voye
De vray repos & de parfaicte ioye,
Ayant conceu pour refolution
Ardent defir, & ferme affection
De defpouiller ma robbe d'ignorance
Et me veftir du bien de congnoiffance
Qui ne fe peult par trefors acquerir,
Ny par l'effort des armes conquerir,
Ains par labeur & trauail affidu
Nous eft pour vray moins donne que vendu.
Et fur ce poinct brûlant deffoubz l'enfeigne
De la raifon, qui le chemin enfeigne

Pour paruenir a la felicité,
I'ay longuement debatu & doubté
Si ie debuois choisir la vie actiue,
Ou m'arrester a la contemplatiue.
Toutes deux sont subiectes a l'oraige,
A la tempeste, & perilleux naufraige
Des passions humaines, mais le vent
D'ambition, qui abbaisse souuent
Le gouuernail de saigesse & prudence,
Et obeyt a la concupiscence,
En l'une est plus qu'en l'aultre impetueux.
Toutes deux font maintz actes vertueux.
L'une est commune, & l'aultre solitaire.
Aux hommes l'une, a dieu l'aultre veult plaire
L'une en habitz garde simplicité,
L'aultre se plaist en la diuersité.
L'une est a soy totallement reduicte,
L'aultre entreprend d'affaires la conduicte.
L'une demoure en sa maison priuée,
D'aller par tout l'aultre n'est point priuée.
L'une est sans soing, & l'aultre est curieuse.
L'une au mylieu de la mer dangereuse,
Et l'aultre flotte a la riue & au bort
Que lon maintient la plus pres de bon port.
    Mais congnoissant du monde l'armonie
Tant consister a estre en compaignie
Que celuy la qui fuyt societé

La vie
actiue &
contem-
platiue.

Semblé approcher de la brutalité.
Voulant auffy en ce pelerinaige
Viure non trop congneu,ny trop fauluaige,
I'ay apart moy fongneufement penfé
Par quelz moyens pourroys eftre poulfé
En quelque eftat dignité ou office
De vertueux & honnefté exercice,
Pour n'eftre point des aultres contemné,
Et pour monftrer au moins que ie fuis ne:
Rendant raifon du talent que ie doibz:
Le bien & mal calculant par mes doigz.
Pour ne choifir en lieu du fruiét, lefcorce:
Et bien fonder ma foibleffe ou ma force,
Mais quant par tout me fuis bien efpluché
I'ay pour certain efte fort empefché
A bien fcauoir mefurer & congnoiftre
Que c'eft de moy,ny que ce fcauroyt eftre
Et n'y trouuant que toute vanité
En defefpoir eftoyı precipité
Quant i'appercoy deuant moy franc Arbitre

Franc ar-
bitre. Qui fe prefenté auecques vng beau tiltre
De grand puiffance,& plaine liberte
Et efleuoit fort fon authorite:
Il eftoit vieil, car de Dieu fut donné
Au premier pere,& depuis ordonne
Aux fucceffeurs,comme par heritaige:
Petit de corps:& tref beau de vifaige:

Car pour certain Adam ne le perdit
Si quelque peu abaiſſa ſon credit,
Se deſpouillant non de la voulente,
Ains alterant de ſon ſens la ſante:
Quant tellement certes il ſ'eſgara
Qu'a tout iamais la playe en ſeignera:
Auſſi eſtoit franc Arbitre courbe
Sus vng baſton, ſans lequel feuſt tumbe:
Et ce baſton ou ſa force il aſſigne
Eſtoit de tous nomme grace diuine:
Que chaſcun ſent, & nul ne peult ſcauoir
Combien il eſt capable de l'auoir:
Ne ſ'il ſera ſeelle du petit ſeau,
Ou ſ'il pourra eſtre receu vaiſſeau
Pluſtoſt d'honneur que de contumelie,
A celle fin que chaſcun ſ'humilie:
Mais on ſcait bien que pretendre ſans elle
Ou que ce ſoit, ſeroit voller ſans aelle,
Chaſſer en lair, peſcher deſſus la terre,
Et des geans renouueller la guerre:
En dieu conuient finir & commencer,
Et qui vouldra, fors par luy ſ'aduancer
Il ſe recule, & en lieu de flourir,
Il veoit ſes fleurs deſeſcher & perir:
Car c'eſt la pierre, & le vray fondement
Ou fault aſſeoir tout noſtre baſtiment:
Mais figurer ceſte grace indicible

Grace di
uine.

B

Il n'eft a moy ny a aultre poffible.
Tout en eft plein en la terre & es cieulx.
Elle domine & reluyt en tous lieux,
D'elle depend tout l'ordre de nature,
Et tout le bien de toute creature,
Tous noz effectz, penfées & parolles
Sans elle font & vaines & friuolles.
Par elle fut remiffion donnée,
Grace par grace au ciel interinée
Et le falut des hommes recouuert.
L'enfer fermé aux bons, le ciel ouuert.
   En approchant doncques de cefte grace
I'ay apperceu pres d'elle face a face
Dame Efperance honneftement parée.

Efperan-
ce.
Sa robbe eftoit de couleur azurée,
Les yeulx riantz, & qui monftroient affez
Que tous ennuys par elle font chaffez.
C'eft celle la qui paift les malheureux,
Aux affligez chetifz & langoureux
Donne confort, & quelque allegement.
Des prifonniers adoulcit le tourment,
Aux laboureurs la terre faict femer,
Les mariniers nauiger en la mer.
Des couraigeux augmente la proueffe,
Aux couardz donne vng peu de hardieffe.
Et me voyant efmeu & fort efpris
Comme qui m'euft en extafe furpris,

A bien daigné me prendre par la main,
Et d'ung visaige affable & bien humain
Sans s'informer de ma profession,
De mes parentz, ny de ma nation,
De mon pouoir, ny de ma volunte
Comme si bien congneu luy eusse este,
Et que de moy desia eust pris la charge,
Elle me monstre vng chemin grand & large
Tant frequenté & tant battu de gentz
De tous endroictz, de riches, d'indigentz,
Qu'il n'en est point ailleurs telle affluence:
Et tous y sont conduictz par l'influence
De ceste dame ancienne & aagée,
Et tellement de promesses chargée
Qui ne scauroient correspondre aux effectz,
Que bien souuent succumbe soubz le fais.
Elle me dict (pour trencher le mot court)
Ce beau chemin, est le chemin de court,
Ou est la fin de tout bon heur enclose.
Et si de rien veulx estre quelque chose,
Et en estime entre les hommes viure,
Auecques moy il te la conuient suyure,
Et tu pourras seruir le plus grand Roy
Qui oncques fut. Dont soubdain ie la croy,
Car il n'est tel que naiger en grand eau:
Et fault la noix rompre auant le noyau.
Soit donc l'instinct ordonné de nature

Le che-
min de la
Court.

B ij

Ou foit le fort fatal de l'aduanture,
Heureux feray fi ien puis approcher,
Et de ce roy à la robbe toucher:
    Mais y allant rencontray laretin,

Pafquin
Auec pafquil, l'ung me parloit latin,
& laretin
L'aultre tufcan, & m'eftoient incongneuz
mefdifäs.
Fors de renom, car ilz eftoient venuz
En leurs habitz tiffuz de mocquerie,
Qui poinct & picque, & fi fault qu'on en rie
Ilz eftoient noirs comme ethiopiens,
Et me fembloient quelques bohemiens
Difpos affez pour prédre vng lieue acourfe
Riens touteffoys ne prindrent en ma bourfe.
    Pafquil f'aproche & a moy f'arraifonne
Voulant parler de ma fortune bonne,
Iugeant quafi par phifionomye
De mes deffeingtz toute lanathomye:
Me mefurant ainfi que par compas,
Sy feray moyne ou ne le feray pas:
Et me gectoit plufieurs propos enfemble:
Dont l'un a l'aultre aucunement ne femble
Saultant du coq en lafne, fans raifon,
De maladie & puys de guerifon,
Tant qu'on ne fcait ou pluftoft prendre pié:
Et ne fcay pas f'il m'auoit efpié
Lors qu'efperance auec moy deuifoit,
Mais en l'oreille & tout bas me difoit,

Soubz la belle herbe eft caché le ferpent,
Tel y va toft qui pluftoft fen repent,
Et me parloit par enigmes couuertz
Aucuneffoys en profe,& puys en vers,
De lancelot,de gauuain,& d'Artus,
Des mal chauffez,& des trop bien veftuz,
En comprenant(fi ien ay fouuenance)
Peu de parolle & beaucoup de fubftance,
Il eft bien vray que rien il ne nomma
Et en commun feullement il blafma
Ce qu'en priue neuft ofe pronuncer.
Craignant quelcung (non fans caufe) offencer,
Mais fon propos eftoit fi defhonnefte
Que les cheueulx m'en dreffoient en la tefte:
Et grandement ie men trouuay fafche:
Parquoy le laiffe,& me fuys apprôche
De cefte bonne & heureufe efperance
Pour tirer droict a la grant conrt de France:
Ou regne vng roy premier de nom Francoys
Premier de force,& premier fus tous roys,
Roy beaucoup plus de fon peuple eftime
Qu'ung pere n'eft de fes enfans aymez
Que n'eft lenfant vnique ayme du pere:
De luy i'attendz ce qu'il fault que i'efpere,
Et le defir de le veoir feullement
Me rapportoit vng grant contentement:
Dont me vouay du tout a fon feruice.

Et voulu faire aux mufes facrifice
Pour n'eftre point trouué defaggreable
A vng tel Roy qui n'a point de femblable
Cherchant des fleurs au iardin de Minerue
Pour luy offrir, & les mettre en referue
Quand ie verroys qu'il y prendroit plaifir.
Mais ie n'euz pas l'efpace ny loifir
Fors de mouiller les lebures en paffant:
Car mon efprit en Helicon paiffant
Plus le defir de paiftre me croiffoit,
Plus Efperance a chercher me preffoit
Le grain pour paille, & pour gland le forment
Dont m'arreftay a fon feul iugement,
Et mys mon but & ma fin principalle
De paruenir en cefte Court royalle,
Ou m'accointay de dame Diligence,
Et de Labeur qui y font refidence,
Accompaignez toufiours de Bon vouloir.
Et chafcun d'eulx fe veult faire valoir
A qui mieulx mieulx & deca & dela.
Labeur.   Sans Diligence oncques Labeur n'alla
Vng pied en l'air, & les yeulx tous ouuertz:
Car c'eft celuy qui en actes diuers
A furpaffé par fa grand vigilance
Des plus fcauantz la doctrine & fcience,
Faifant porter a vng chafcun fa fomme,
Et fe difoit le compaignon de l'homme

Donné de Dieu, ainsi le fault il croire
Et que sans luy ne doibt menger ny boire.
Ie diray plus & asseurer vous l'ose
Que le Labeur surmonte toute chose.
Et a la fin qui bien labourera
De son labeur la recompense aura
D'autant que l'œuure est de Dieu couronné,
Qui le labeur a tous ha ordonné
Conuertissant l'amertume en doulceur.

Diligéce.

    Aupres de luy Diligence sa sœur
Et nuict & iour estoit esperonnée,
Et n'eust voulu attendre vne iournée
Que proprement n'eust parfourny sa charge
D'habillementz elle n'auoit grand charge,
Et ne pensoit sinon a pouoir estre
Des fauoris, & des prochains du maistre.
On ne la veit oncques aller le pas,
Ny estre assise en prenant son repas,
Monstrant par tout l'ardeur de son bon zele

Bon vou-
loir.

    Bon vouloir fut le proche voisin d'elle
Qui a chascun monstroit vng doulx visaige,
Et n'eust voulu faire a personne oultraige,
S'on luy en faict, il l'endure & appaise.
Et ne pensa oncques chose mauluaise,
Ayant tousiours le soulcy & le soing
De secourir vng chascun au besoing,
Dont auec soy porte pour recompense

Ioye d'efprit,repos de confcience:
Or donc ces troys diligence et labeur.
Et bon vouloir,ennemyz de malheur,
Sont les moyens principaulx pour entrer
En congnoiffance,& faueur rencontrer:
   Il eft bien vray qu'a larriuer ie fuz
De prime face,auffi trifte & confuz
Que fi l'on meuft condemne par iuftice
D'aller defcendre au trou de fainct patrice,
Quant i'apperceu iauelines & bardes
Picques,harnoys.archiers,& hallebardes,
Et tant de gens a pied & a cheual,
Les vngtz a mont & les aultres a val,
Les vngtz en ordre,& d'aultres mal enpoinct,
Les vngtz en robbe,& d'aultres en pourpoinct,
Lung chiquet a barbe d'efcreuiffe,
L autre a facon de tudefque & fuyffe,
Les vngtz en houffe,& les aultres bottez,
Et la plus part bien mouillez & crottez,
Tant de mulletz,de chariotz branflans,
De toutes parts des venans & allans,
Des mulletiers qui le ciel defpitoient,
Des viuandiers qui les viures portoient,
Tant de nouueaulx & diuers efquipaiges.
Tant defcuiers,de poftes,& de paiges,
Les vngtz au guet,les aultres,aux attentes,
Tant de chartiers,de pauillons & tentes,

Tant de lacquaiz qui faifoient les gambades,
Tant de cheuaulx qui geƈtoient les ruades
Que ie penfoys en lieu d'auoir trouué
La court du Roy eftre au camp arriué:
Parquoy ie fuz longuement aux efcoutes,
Et ne m'eftoyt ayfay fouldre les doubtes
Qui me venoient alors deuant ces yeulx,
N'eftant pas moins, faché que curieux
De m'enquerir a qui font les liurees,
Et qui les porte,& qui les a liurees,
De lung m'aproche,& auec luy deuife,
Pour m'informer qu'elle eft telle deuife,
Que fignifie ou cela ou cecy,
Que faiƈt vng tel, de quoy fert ceftuy cy,
Ie veulx tout veoir,tout fcauoir,& cognoiftre,
Et tout ainfi qu'ng veau qui vient de n'aiftre
Par tout regarde,& de tout m'efmerueille,
Mais pres de moy fe fouffloient en l'oreille
Aulcuns difans voicy quelque efcollier,
Que l'on pourroit attacher fans collier,
Et me venoient,ainfy comme on les leurre:
A demander fi la paille eft du feurre:
Sy i'ay point veu vng bafton fans deulx boutz
Sy ie cognoys quant les chatz ont la toux,
Sy dieu a faiƈt montaigne fans vallee.
Sy en la mer ya de leau fallee,
Sy i'ay point leu les liures des quenoilles,
C

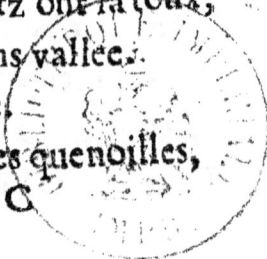

S'il fault de leau, ou du vin au grenoilles,
Si ie crains point quelque nouueau deluge,
A qui ie fuys, & ou eft mon refuge:
Auec vng tas de petiz motz fucrez
Qu'ilz font fonner comme oracles facrez:
Et en parlant il contrefont les graues,
Ainfy qu'ilz font bien dyaprez & braues,
Car ilz faifoient lictiere de velours:
Et nonobftant que ie foys des plus lourdz
Si me fut il bien facile d'entendre
Qu'en f'enquerant, ilz me voulloient reprendre
Mais fans du tout refifter ny flefchir,
Partant de la pour myeulx me refrefchir

Les pai- | Ie rencontray vne troupe de paiges
ges. | Qui ne fcauroient, qui leur donneroit gaiges

Pour faire mal, y faire pyfqu'ilz font:
Cappes, bonetz, chapeaulx, mateaux, tout fod
Entre leurs mains, c'eft ieu de paffe paffe,
Ce que l'ung gecte vng autre toft l'amaffe:
Et au matin ne font meilleurs, qu'au foir:
L'ung pres de luy me voulut faire affeoir
Pour fe gaudir de moy plus a fon ayfe:
L'aultre me dict monfieur, ne vous defplaife:
L'ung m'a laué des piedz iufqu'a la tefte.
L'aultre me dict ne vous faictes point befte,
Et gardez bien de trop vous efchaulfer:
L'ung me voulut ma faincture chaulfer:

L'aultre qui n'eſt de mocquer degouſté
Faire me veult la barbe d'ung couſté
Puys tout ſoubdain ilz parlent de me tondre,
Tant que ne ſcay quaſi que leur reſpondre,
Ne ſi i'en ay ou du bon, ou du pire,
Ne ſ'il conuient ſ'en faſcher, ou en rire:
Honneur ſe font ſelon leur ſeigneuries,
Et plus qu'ung ſinge ilz font de ſingeries:
Puis tout ſoubdain ſe herpent aux cheueulx
Pour vng nenny, ou pour vng ie le veulx.
L'ung dict, ie ſuis des fauoritz du Roy
Car ce matin il a craſche ſuz moy:
Et l'autre crye vng peu en plus bas ton
Il m'a chargé leſpaulle d'ung baſton,
Et m'aeſté tant doulx & tant humain
Que ie ſuys faict cheualier de ſa main:
Mais par le temps ſe meuriſt la ieuneſſe
Et conuertiſt ſa folye en ſaigeſſe
Quant ellø eſt bien inſtruictø & enſeignee
Leurs eſcuyers donneront la ſeignee
Pour en tirer les mauuaiſes humeurs
Et les reduyrø a toutes bonnes meurs.
    Paſſant plus oultrø apperceu les fourriers
Leſquelz ſeroient bons & parfaictz ouuriers
S'ilz pouoient plaire a meſſire chaſcun:
A lentour d'eulx touſiours y a quølcun
Qui les mauldict, & d'iniures prouocque,

L'ung les menaffe,& l'autre d'eulx fe mocque,
Dont ilz ne font que fecouer l'oreille,
Tant plus i'approche & plus ie m'efmerueille,
Car il ya tant de gens a loger
Que l'on ne fcayt ou la plus part renger:
Et ne croy pas que l'on fache tant faire
Que ces fourriers y puyffent fatiffaire:
Ce que ie dys non pas pour leur excufe,
Ny pour leur blafme,affin qu'on ne f'abbufe
Car ie nay pas oublyé que fouuent
Ilz mont laiffe a la pluye & au vent:
Et m'enfeignant lenfeigne de l'eftoille
Mon faict coucher dedans des draps fans toille,
Deffus vng banc,quelque foys fuz la terre,
Sans aduifer a efclair ny tonnairre,
Ne f'il faifoit ou trop froid ou trop chault
Dont ie les quicte, & plus il ne m'en chault,
Car maintenant de leur grace & mercy
A tout fouffrir ie fuys tout endurcy:
Et ne les veulx irriter,n'y m'en plaindre,
car ce feroit pour m'acheuer de paindre:
Confideré qu'enuers tant de complainctes
Que l'on en faict,les myennes feroiét fainctes
Dieu leur pardoint pourtant, car peu feront
Comme ie croy qui leur pardonneront:
Et conuiendra fi pardon fault donner
Pluftoft qu'a eulx aux paiges pardonner:

Difcours de la Court.

En proteftant touteffois que ne veulx:
En tout cecy toucher a lhonneur d'eulx:
Car pour certain quant vng fourrier eft rude
Cela prouient de la grant multitude
Qu'on ne fcauroyt de logis contenter
Sy en fen malle on ne les veult porter:

Mais ie tire oultre au grant palais royal
Ou nul ne doibt entrer f'il n'eft loyal.
Et le portail d'onuraige fumptueulx
N'eft point ouuert finon aux vertueux:
Vulcan y a efte fort diligent
A forger clefz & ferrures d'argent,
Et la ferrure y eft toute taillee
De fine efpargne & d'azur efmaillee,
Tous les foubzbaftz de marbre blanc & bys
Les vafes font de perles & rubis:
Et du parron les efcompartimans,
Sont en richiz de tous vrays d'yamans,
Tous les feftons cyrages & cartouches
D'or de du cat ont chafcune deulx touches
A l'arquitraue arcades & balluftre
Mille faphirs donnent merueilleux luftre
Termes auffi pillaftres & collomnes
Garnies font de royalles couronnes,
Tous les carneaulx & les mafficolyz
Y font par tout femez de fleurs de lyz:
Arcs triumphans, piramides, theatres

Le palais
du Roy.

Le manfoleꝰ,& les amphiteatres
N'ont approché de la magnificence
De l'artifficꝰ, & parfaiꝯꝰ excellence,
De ce palais,& ne fault que perfonne
Viennꝰ alleguer Memphys ne Babillonne:
Le fimulacrꝰ auffi tant fort loué
A iuppiter olimpique voué,
Ny la maifon de Cyrus pour exemple,
Ny de Dianꝰ en Ephefe le temple,
Le pantheon & les aultres fpeꝯacles
Que tout le monde a receu pour miracles.
Il n'eft couuert ny de plomb ny d'ardoife:
Les combles font tous garnys de turquoife,
Et les cheurons, auffi les frontifpiffes:
Par tout y a autour des coroniffes
Infinitè de belles antiquailles:
De marbre dur font toutes les murailles:
Et y eft l'or refpandu & femé
Comme fi rien il n'eftoit eftymé
Dont l'oeuure autant la matiere furpaffe
Que le foleil toutꝰ autre clarté paffe.
L'architeꝯurꝰ y eft bien obferuee
Et a lentour mainꝯꝰ hyftoire grauee,
De ceulx qui ont preferé les vertuz
A tous plaifirs & f'en font reueftuz,
Pour acquerir auecques main armee
L'eternel loz d'heureufe Renommee:

Difcours de la Court.

Mais fi parfaicté eftoit larchitecture
Moindre ne fut du dedans la painctture,
Ou l'on peult voir pres du vif les pourtraiz
De ceulx qui font de la couronné extraictz
Et ont gardé aux guerres la iuftice
Commé en la paix equité & pollicé,
Dont ilz feront a iamais honnorez:
Et pour certain ilz eftoient figurez
Myeulx que Zeufis, ny que Praxiteles
N'euft peu pourtraire ou le grant Apelles:
Doibs ie parler des pretieux ioyaulx
Qui font dreffez pour les feftins Royaulx
Trefor pour vray du tout imcomparable?
Doibs ie oublyer l'accord tant aggreable
De la mufiqué, harpes, lucz & haultz boys
Qui font de loing retentir les haultz boys,
Mais tout cela eft bien peu par raifon
Sy au furplus on faict comparaifon:
Car qui n'a veu du Roy la grand chapelle
Laquelle n'eft moins magnifiqué & belle
Que le faint temple ou Salomon le faige
Fift a dieu feul noftre faulueur hommaige
    C'eft ou le Roy en faifant facrifice
Au Roy des Roys accomplift fon office
De trefchreftien, & y va par raifon
Luy prefenter l'hoftie d'oraifon:
En l'adorant non en obfcurité

Le Roy
a la meffe

Discours de la Court.

Mais en esprit & pure verite,
Croyant de cueur & confessant de bouche
Car c'est trop peu si tout cela n'y touche
Ses heures porte vng Cardinal d'honneur
De tous aymé qu'on nomme le veneur
Qui a chassé tout vice, & sans mespris
De la vertu le bon chemin a pris.
Le Roy ne fault vng seul iour d'ouyr messe,
En confermant la creancé & promesse
Faicte au baptesme, & depuys tant iuree
Et par plusieurs sacrementz asseuree

Châtres Chantres y sont qui ont voix argentines
Psalmodiantz les louenges diuines
Et de Dauid recitantz les chansons
Auec motetz de diuerses facons,
Soit de Claudin pere aux musiciens:
Ou de Sandrin esgal aux anciens,
Ainsi le Roy qui porte au Createur
L'honneur que doibt au maistre vng seruiteur,
Recongnoist bien que dieu le faict regner,
Craindré, obeir, & sur nous dominer,
Baissant les yeulx se confessant fragile,

Le sainct
Euãgile. Et quant ce vient qu'il baise leuangile
Il monstre a tous qu'il fault entretenir
Loffrãde La verite, & sa foy maintenir,
Et tost apres qu'ant il va a l'offrande
C'est enuers dieu recognoissance grande

Exemple a ñous, qu'a luy font tous les biens,
Spirituelz comme les terriens.

   Puys quant il voit la fainêe euchariftie
Qui eft pour vray la falutaire hoftie
Entre les mains du prebftre fus l'aurel
Ou eft le corps & fang de l'immortel
Qui fe voulut fi fort humilier
Qu'ataché fut pour tous nous deflyer,
Il fe profterne en deuotion telle
Que par cela il geête vne eftincelle
Pour enflammer cryantz grace & mercy
Tous fes loyaulx fubgeêtz a faire ainfy.

   La paix recoit en grant cerymonye
Signifiant que du tout eft banye
Hors de fon cueur enuieufe rancune,
Et d'affaillir voulente n'a aulcune
Car il fcait bien que la paix eft laiffée
A tous Chreftiens pour nourrir la penfee
Vers noftre dieu en toute purité
Vers noz prochains en vraye charité
Dont n'eft celuy qui ne le veuille enfuyure
Et en fa loy & foy mourir & viure
Ayant conioinêt les oeuures de la loy
A vne ferme & infallible foy,
Et aduouant que le fainêt facrement
Eft larre & pris de noftre fauluement,
  De dieu attend toute felicité

La Sain-
êe eucha
riftie.

La paix.

D

Et le requiert en fa neceffité,
Ne doubtant point, car il le prié en foy
Qu'il n'ait foubdain de fa priere octroy,
Aumoins autant qu'il luy eft neceffaire:
A l'efprit veult, non a la chair complaire:
Et au feigneur tous biens il attribue,
Comme a celuy qui feul les diftribue
Par fa bonté & grand mifericorde:
En conferuant l'union & concorde
De fainct eglif, efpouf immaculee
De Iefuchrift, & a nous reuelee
Par les docteurs de l'efcripture faincte
Dont ne fera la grand lumier eftaincte:
Car a iamais durera fa parolle.
Ainfi le roy nous conduict a l'efcolle
De faire bien, & a la congnoiffance
Des faictz de Dieu, & de noftr impuiffance
En efleuant au plus eminent lieu
De fon palais lhonneur de ce hault Dieu:
Et c'eft cela qui le faict profperer:
  Ie viens au refte, & vous puis affeurer,
Que ce palaîs tant magnifiqu & beau
Ne fe doibt dire vng Fontainebelleau
Ny vng chambort ny Amboife, ny Bloys
Ce n'eft auffi de Vincennes le boys
Ny en Paris le Louure, ou les Tournelles,
Il volle ainfi que f'il auoit des aefles

Non par raifon qui foit mathectatique
Comme trouua architas la praticque
Faire de boys vng pigeon qui volloyt
Et en cela furmonter il vouloyt
Dame nature,ains a bien en parler
Ce palais eft toufiours pendu en l'air,
Et eft par tout ou il plaift au grant Roy
Qui va,& vient en triumphant arroy
Pour vifiter fes peuples & vaffaulx
Et les garder d'alermes & d'affaulx:
Voulant partout donner bonne pollice,
Et arracher la femence du vice:
Qui eft vng fign∉ & certain∉ euidence
De fa bonté,& grande prouidence
De fon bon zel∉ & confcienc∉ entiere.
 Plufieurs on dict que fortune eft portiere:
De cefte court,a aulcuns mal traictable
Aux aultres doulce,& mere fauorable:
Et qu'aux vngs nuyt & les aultres fupporte.
Mais quoy que foyt,tout de bout a la porte
Ay apperceu fuz vne boulle ronde
Vne deeffe en cheueleure blonde,
Qui regardoit ca,& la,toute nue,
Couurant fon nez pour eftre peu congneue,
Voulant donner ou defnyer lentree
A qui luy plaift,quant ell∉ eft rencontree:
Chaulue eft derrier∉ :& deuant fi tu veulx

Occafió portie - re de la Court.

L'apprehender ce ne font que cheueulx,
Ie ne fcay pas fi c'eft illufion,
Mais ie la pris pour dame occafion
Qu'on doibt chercher ainfy que ie lentens
Selon le lieu, les hommes, & le temps,
Et a chafcun il la conuient attendre
Pour paruenir ou l'on veult entreprendre,
Car point ne fault fouffler contre le vent,
Elle peult plus que la loy bien fouuent
L'on eft receu par elle ou reiecté,
  Sy feiz ie tant qu'au donion me gectay
Et au meilleu ie vys vne fontaine
Ou plus l'on puyfe & tant plus elle eft plaine
Ce n'eft pas celle ou par vouloir diuin
Qui en a beu il perd le gouft du vin,
Clitorius par les latins nommee,
Ce n'eft auffy celle tant eftymee
Des anciens qu'on difoit cabaline
Dont diftilloit la licqueur de doctrine
Qui de fureur les poëtes eniure
C'eft celle la ou pour aprendre a viure

La fótaine de Ciuilité.

Parmy le monde, en gran dciuilité,
Puyfer fe peult parfaicte honnefteté,
Grace agreable, vng maintien affeuré,
Vng attraict doulx, difcret & mefuré
Et qui en boit il vomift bien foubdain
Rufticite, & deuient tout mondain.

Et ne fault point a aultre efcolle aller
Affin d'apprendr₡ a bien dire & parler:
C'eft ou l'on fcait bien faire des amys
Et prouffiter auec fes ennemys:
C'eft ou fe prent du bien la recompenfe,
Du trauail ioye,& du mal patience,
C'eft ou l'on doibt en toutes chofes bonnes
S'accommoder au temps & aux perfonnes,
Diffimuler par prudence,& fe taire
Quant eft befoing, bien mener fon affaire,
Se bien cognoiftre,& bien fe mefurer,
Efperer tout,en rien ne f'affeurer
Qu'en la vertu,qui en defpit d'enuie
La mort rend mort₡,& redouble la vie,
De c'eulx qu'on voit fe monftrer heroiques,
En tous exploitz tant priuez que publicques
    Mais(O Clio)qui des Roys plus parfaiƈtz
Scauez trefbien reciter les grans faiƈtz
Permettez moy en mon bas ftil₡ & metre
A tout le moins quelque mot icy mettre
De mõ grãt Roy,plus grãt q̃ nul aultre hõme
Du Roy francoys de rechief ie le nomme:
Non pour vouloir aorner telle matiere
Car fe feroit au iour donner lumiere:
Mais pour monftrer a chafcun le grand heur
Que i'ay receu d'auoir veu fa grandeur:
    Il eft fi fort qu'on le doibt eftymer

Mars suz la terre,& neptune suz mer:
Et est si doulx qu'a tous est agreable,
Et a nul,fors aux meschans,redoubtable:
Faisant la guerre affin de paix auoir:
Ce qu'il ignore aultre ne peult scauoir,
Des letres c'est le vray restaurateur,
Filz d'Apollo des muses protecteur:
Il est en grace & de Dieu & des hommes:
De dieu recoit tout bon heur,& nous sommes
Heureux par luy,car les dons de nature
Dont il ne cede a nulle creature
Sont moins que riens au pris de sa bonté,
Y comprenant sa parfaicte beaulté
Qui est la perle enchassee en or fin.
Tous ses effors tendent a bonne fin:
Et si quelcung tasche par voye oblique
De perturber l'amour & paix publique,
Il scayt par tout les remedes donner,
Et entre lepre & lepre discerner:
Gardant la france entierement vnie
Sans arracher auec la Zizanie
Le pur forment,& la bonne semence,
Car par doulceur & non par vehemence
Tousiours a faict purger le vieil leuain
Affin que Dieu seruy ne soit en vain:
Parqui luy est entre aultres biens donnee
Dessus tous roys la plus belle lignee

Que l on fcauroit efperer n'y attendre.

Peuple francoys les mains au ciel doibs tédre
Louant de Dieu la grant benignité,
L heur de ton Roy, & ta felicité,
Quant pres de luy tu voys fes beaulx enfantz
Tant vertueulx faiges & triumphantz
Qu'il n'eft poffible affez les eftimer,
Affez feruir, reuerer, ny aymer:

Le grãt Daulphin eft preux cõmʒ Alexãdre
Hardy au faict, prudent a l'entreprendre:
Auffy le duc D'orlêans, n'eft en ceft âage
Moins belliqueux qu'hannibal de carthaige:
Lexperience en tous deulx en faict preuue.
Mais d'en parler trop indigne me treuue:
Car ie fcay bien que petite chandelle
Geɕer ne peult que petitʒ eftincelle:
Et touteffois en les voyant venir
Fault que ie criʒ, & ne m'en puys tenir.
O quelle force en ce double lieu,
O quel plaifir au Roy, a nous quel bien,
Veoir telz fleurons geɕer de fi beaulx fruictz
Au pres de l'arbrʒ ou ont efte produictz.

Pallas leur tantʒ entre les marguerites
La fleur des fleurs l'eflicte des eflictes
Royne en Nauarre a merité louange
Non de la voix d'ung hôme, mais d'ung ange,
Car ellʒ eft moins humaine que diuine

(marginal note, right of lines): Meffeigneurs le Daulphĩ & duc D'orleás

(marginal note, right of lines): La royne de Nauarre.

Et fil conuient que de leur feur deuine

Ma da-me mar-guerite,

Ce qu'il luy peult & doibt a l'aduenir

Selon le cours des aftres aduenir

Ie la diray trefdigne fans erreur

De rencontrer trop myeulx qu'ung empereur,

Car elle donn♀ a tous certaine attente

D'eftre en fcauoir comparable afa tante,

Sans oublyer qu'une grande clarté

En elle luy & de diuine bonté,

Leur compaigni♀ eft tant a honorer

Qu'on ne fcauroit laquelle preferer,

Parquoy ma plum♀ ailleurs fen vollera

En attendant qu'apollo dreffera

Les da-mes de la Court.

Mon ftil♀ en hault, pour extoller les dames

De c'efte Court & les illuftres femmes,

Aymant trop myeulx totalement me taire

Qu'en dire peu,& poinct ne fatiffaire

A lexigenc♀ & merite des graces

De leurs efpritz,& angeliques faces,

Leonor Royne en tous biens accomplye

De grandz vertus par fus toutes remplye

La roy-ne,& ma dame la daulphi-ne.

Et la daulphine en vertu fi parfaicte

Que toute france vng beau filz luy foubhaicte

Qui puiffe apres en fort une profpere

Reprefenter le pere & le grant pere,

Doibuent ma muf♀ a bon droict empefcher

Car elle eft trop rufticque,d'y toucher,

Mais qui pourroit d'Eftampes la ducheffe
Affez louer (entre toute princeffe
Ceft le foleil d'immortelle beaulté,
Et le miroir de toute honnefteté:
Gardant le ranc a Montpencier fans fi
Auec Diane, & la gente Macy:
Sans delaiffer ma dame l'Admiralle
En bonne grace aux plus belle efgalle:
Canaples eft dame tant eftimée
Qu'elle doibt eftre en bon endroict nommée:
Hely, Rieux, Tallard, auffi L'eftrange,
Si m'en taifois, le trouueroient eftrange.
Y comprenant les autres damoyfelles
Qui font en court ce qu'au ciel les eftoilles,
Nymphes de corps, deeffes du maintien.

Retournant donc au propos ie maintien
Que quand le Roy en fon trofne eft monté
Pres de luy fiet Royalle authorité
De dieu donnee, & du ciel defcendue,   Authori-
A qui defplaire eft chofe defendue: te royale
Et n'eft celluy qui n'ayt bien congnoiffance
Que luy debuons loyalle obeiffance:
Non feulement pour crainte de fon ire
Mais confcience & raifon nous y tire.

Ceft celle la qui en tranquillité
Garde fon peuple & donne liberté
Tenant la bride aux folles paffions,
                                              E

A tout tumulte,& aux feditions:
Les magiftratz eftablift & ordonne,
Et manyment de fon glaiue leur donne,
Pour extirper des crimes la racine,
Soit par exces de faiᨪ ou de doᨪrine.
Dont tous malings font fort efpouentez,
Et tous les bons a bon droiᨪ contentez,
Car pour certain dieu fi fort l'authorife
Que celuy la qui contemne & mefprife
Son grand pouoir,ou dieu toufiours affifte,
A la diuine ordonnance il refifte,
Et eft befoing bien noter cefte claufe
Qu'ng Roy n'a point l'efpee fans grand caufe
Soit pour remede aux belliques dangiers,
Ou pour chaffer les tirans eftrangiers
Ou pour tenir es chofes politicques
En grand concorde & paix les Republicques.
Et qui plus eft le dieu regnant es cieulx
De tous feigneur,les Roys appelle dieux
Les illuftrant de tiltre fi haultain
Pour vng chafcun rendre feur & certain
Combien leur eft la reuerence deue
Et deffus tous leur haulteffe eftendue,
Et qu'ainfy foit n'eft ce chofe trefgrande
Qu'ng homme feul a infiniz commande
A infiniz certes qui voulentiers
Pour le feruir fe mettroient en quartiers.

Discours de la Court.

Ne penses pas qu'en cela rien desguise:
Ny que ce soit flaterie ou fainctise:
C'est verite, monstrant que leur office
Est de regir en bon ordre & pollice,
Et se prouuer en tous lieux & endroictz
Iustes, prudentz, veritables, & droictz:
Ne commettant rien par authorité
Qui desroguer puysse a leur deité:
O pour le Roy digne vocation
Pour ses subiectz grand consolation,
Dieu auec nous a tousiours contracte
D'estre serui selon sa volunte:
Et bon plaisir, c'est son commandemenx
Non pas selon nostre fol iugement
Et le Roy veult qui tient icy son lieu
Se conformer au seul vouloir de dieu:
Selon lequel en vertu sul x obiectz
Seruice attend de ses loyaux subiectz:
Qui le praticque aultrement, il l'abuse
Et ne doibt nul aller cherser d'excuse
Ny de couleur pour cuyder auoir place
En sa faueur & en sa bonne grace
Ie dys du Roy, si de dieu n'est aymé
Ains au contraire il est desestymé,
Et sa ruine, en voulant s'entremettre
De hault monter, porte au bout de sa lettre.
Qui sert le Roy il sert dieu tout puyssant:

Et dieu veoit tout,& eft tout congnoiffant
Iufques au fons du cueur & des entrailles:
Soit doncq en paix ou au faict des batailles
Ce n'eft affez que de feruir aux yeulx:
Faire le beau,le doulx,& gratieux,
N'auoir le foing que d'eftre bien en ordre
Si bien peigné qu'on n'y fcauroit que mordre,
Doré par tout ainfy commq vng calice.
Ie ne dys pas pourtant que ce foit vice,
Mais pour feruir dignement vng tel maiftre
Eftre conuient tel qu'on veult apparoiftre:
Ie diray plus f'il fault que me defpite,
Autour de luy ne fault eftre hypocrite:
Ny eftymer qu'on foit tenu pour veau
Sy lon ne fcayt bien eftriller fauueau.
Mais en craignant toufiours de luy defplaire,
La verité conuient dire,ou fe taire,
Sans porter mafqué,& par tout fe farder:
    Le Roy entend ce qu'il fault commander
Et nous debuons de noftre part entendre
A bien fcauoir obeir fans mefprendre:
Soit Citadin ou foit vng domefticque,
Par ces deux poinctz chafcune Republicque,
Tout magiftrat & toute monarchie
Soubz vng feul Roy en feruant affranchie
Non feulement fe doibt inftituer,
Mais pour certain fe peult perpetuer.

Et fans cela viennent maintz accidentz
Maintz gros dangiers & perilz euidentz
Dont nous exempte authorite royalle.
   Iufticɇ a pris la charge principalle   **Iuftice**
D'eftre au tour d'elle,& deuát le Roy marche,
C'eft celle la qui de Noe feift l'arche
Quand dieu voulut enuoyer le deluge
Se monftrant perɇ auxvngz, aux aultres iuge:
Ceft celle la qui donne recompenfe
De tous bienffaiɛtz,des maulx faiɛt lavégeáce,
Defend la vefuɇ & le pupille garde,
Ne veoit le paoure,au riche ne regarde,
Des loix eft ferue & en eft la maiftreffe:
Vng chafcun iuge,& perfonne n'oppreffe:
Tout faiɛt egal au poix de la balance:
Sans touteffoys vfer de violence,
Elle eft fans frauldɇ,& fans deception
Et n'a iamais des gens acception.
Elle eft aueuglɇ au moins elle ne veoit
Que l'equité,& foubdain y pourueoit.
Elle congnoit vng dieu,en luy f'arrefte:
Et aultrement feroit vng corps fans tefte
C'eft l'origine & fource des fontaines
Des parlementz,& des courtz fouueraines,
Ou le grand Roy adreffe la colomne
De tous les droiɛtz qui gardent fa couronne
En defchargeant par tout fa confcience

Se reseruant touteffoys la clemence
Dont nous sentons l'odeur qui au ciel monte:
Et en cela soymesmes il surmonte
Comme tous Roys il precelle en saigesse,
En opulence, en force & hardiesse,
Et entre tous seul n'a point d'esguillon:
Plus on l'espreuue & tant plus treuue lon
Qu'il est bening, & que quand il fouldroye
C'est lors qu'au mal la medecine ottroye:
Dieu nous semond a faire penitence
Quand il attend nostre resipiscence:
Aussy le Roy a l'imitation
De son seigneur, par grand compassion
Assez souuent aux delinquentz remet
Les cas commis : & pour eulx se permet
Aux dures Loix par doulceur commander:
Voyant quilz ont vouloir de s'amender:
N'ayant iamais, tant est doulx & humain,
Du sang des siens voulu souiller sa main.
Pour insolence ou pour rebellion,
Dont ie ne croy ny Paris ny Lyon:
Mais seullement deuant tous en appelle
Pour tout exemple, a tesmoing la Rochelle:
Ou il a faict vng acte de pitie
Qui sent trop plus paternelle amytie
A pardonner les faultes adonnee
Qu'une puyssance a punir ordonnee

Mais c'est trop peu d'alleguer les grans biens
Et la bonte dont vse enuers les siens
Le ciel inuocque & la terre & la mer
Et les enfers si les ose nommer
Pour tesmoignaige & pour preuue autentique
Sans que iamais il y ayt de replique.
L'empereur mesme en croy a son serment
Si onques Roy fut si doulx & clement
Qu'il ayt donne non seullement passaige
A l'ennemy a son desauantaige,
Mais ayt voulu (comme le nostre a faict)
Se declairer par tout amy parfaict:
Et le tenant en sa discretiõ
De leurs debatz ne faire mention:
Laschant par tout de clemence la bonde
Pour mettre en paix & eulx & tout le monde.
Si l'Empereur qui tousiours le prouoque
De son coste eust faict le reciproque.
Mais de tous Roys les cueurs & voulentez
Sont en la main de Dieu seul, n'en doubtez :
Qui amolit ce qui est endurcy,
Et n'appartient de toucher a cecy
Qu'auec vng zele & pure intention
Que de son peuple il ayt compassion
En destournant l'ambition notoire
De l'Empereur, ou nous donnant victoire:
Ce qu'esperer debuons de sa bonte,

Et de la force & magnanimité
De noftre Roy, qui par grande prudence
Mene la guerre & bonne prouidence:
Lefquelles font deux fœurs filles dufaige
Et du futur nous donnent bon prefaige.
   Maturité auec difcretion,

Le con- La diligence, & bonne election,
feil priué Grande induftrie, & feure intelligence,

Ferme equité, & longue experience
Ont mis leur fiege en fon confeil priué:
Ou comme l'or en fournaife efprouué
Sont les fcauantz & faiges retenus,
Et en credit & honneur maintenus.
Mais les nommer tous icy n'eft meftier,
Car il fauldroit en faire vng liure entier,
Et n'eft poffible en fi grand compaignie
De grandz feigneurs, dõt la Court eft munie,
Que le vray renc a chafcun foit rendu
Sans que fouuent l'ordre y foit confondu,
Veu qu'on ne peult les mettre tous enfemble:
Parquoy la main en ceft endroict me tremble,
Craignant que ceulx que ie n'auray nommez
Penfent que peu ie les aye eftimez.
Et ceulx auffi qui nommez y feront
Si ie n'en dis affez me blafmeront:
Ainfi ie fuis de tous couftez en doubte,
Et d'autant plus que le defir me boute

Discours de la Court.

Et poulſ auant,tant plus crainte m'aſſault.

Si fauldra il en fin franchir le ſault
Et commencer(c'eſt choſe bien certaine)
Au prince grand Cardinal de Lorraine:
Lequel i'eſtim eſtre la vraye Idée
De la faueur par grand vertu guidée:
Ayant du Roy qui congnoit ſa bonté
Non ſeullement credit,mais priuaulté
Telle qu'auoit Achates a AEnée.
O prince heureux,ô perſonne bien née,
Qui vous pourra celebrer dignement
Vous ſurpaſſez trop mon entendement.

Le Cardinal de Bourbon en ſaigeſſe
Correſpondant a ſa haulte nobleſſe
Louer ne puis tant qu'il a merité.

Quel temps,quelle aage,& quelle antiquité
Pourra iamais abollir le renom
De l'excellent Cardinal de Tournon,
Qui maintenant par ſur tous ſe deſcoeuure
Parfaiϛ ouurier a manier grand œuure.

Le Cardinal de Ferrare eſt aymé
De ce grand roy,& de tous eſtimé,
Non pour l'eſgard ſeulement de ſa race,
Mais par vertu qui iamais ne ſe laſſe
De pourchaſſer honneurs & dignitez
A ceulx qu'elle ha de ſes biens heritez.

N'ont pas reçeu & Gyury & Meudon

Cardi
naulx.

F

Des vertueux(telz qu'ilz font)le guerdon?
Et Du bellay? certes il n'eft pas moins
Scauant que faigə, en voullez vous tefmoings
Plus fuffifantz que les effectz yffuz
Des biens qu'il ha de ce grand Roy receuz?
Qui cognoiffant fes vertus en luy monftre
Que qui bien faict en la Court bien rencôtre:
Mais tant plus eft digne d'eftre loué
Moins en cela de luy fuis aduoué.

Boulloigne auffi auecques Lenoncourt
Peu eftymez ne font en cefte Court.
Et i'ofe bien dire que Chaftillon
De la vertu ha grand efchantillon.
Doibs ie mefler parmy ces Cardinaulx
En hault degré les princes principaulx?

Princes. Vendofmə y eft,& de fainct Pol le conte
Qui ont toufiours rendu fi trefbon compte
De leur proueffə & vertu fans reproche,
Que celuy la qui de leurs faictz approche
Aux Scipions peult eftre comparé.

Et Anguyen fe monftre preparé
Pour imiter la louenge des fiens.

Le duc de Guyfə entre les anciens
Se doibt nommer vng Camille Romain,
Bon heur toufiours luy a tenu la main.

Et de Neuers tant l'oncle que nepueu?
L'ung donnə efpoir,& l'aultre ha bon adueu

De la vertu, qui fon plege fera
Que fon bon bruyt en maintz lieux florira.

Ie craindz tüber en quelquͤ oultrecuidance
Si veulx parler des grandz eftatz de France
Par le menu : car c'eft chofͤ increable.

En premier lieu qu'eft ce qu'ung Cōneftable? **Cōnefta-**
C'eft vng eftat qui requiert vng Pompée **ble.**
Voire Cefar : puis qu'il porte l'efpée
De ce grand Roy, qui malgre tous hazardz
A furmonté Pompee & les Cefars.

Et l'Admyral? C'eft le fecond Neptune **Admyral**
Qui vaincre peult les ventz & la fortune:
Tefmoing Bryon en fes faictz tant louable
Qu'il n'eft pas plus Admyral qu'admirable.

Et au furplus qu'eft ce qu'ung Chancelyer **Chance-**
C'eft de Iufticͤ vng fermͤ & fort pilier, **lier.**
Ou pour mieulx dirͤ en faifant fon office
Vng Chancelier eft la mefmes Iuftice.
Notez ce poinct, car ainfi monte lon
Aux dignitez commͤ a faict Monthelon,
Qui de Paris nágueres prefident
Fut efleue par meritͤ euident:
Et on le voyt, ayant a fon defceu
Et fans prochatz, ce grand honneur receu.
En quoy le Roy fe feit a tous cognoiftre
Iuge trefiuftͤ, & feit vng tour de maiftre
Ne permertant l'equité fe deftordre.

Et qu'eft ce auffi des cheualiers de l'ordre
Des marefchaulx de France? par raifon
De chafcun d'eulx fe faict comparaifon

Anne-
bault. Au preux Hector, Annebault le nous preuue,
Qui entre tous a faict loyalle preuue
Qu'il eft trefprompt, & prudent fans doubter,
A entreprendre & a executer:
Donnant efpoir qu'il pourra maintenir
Et vers le Roy & les fiens foubftenir
L'opinion grande de fa grandeur.
Si en ma plume il y auoit tant d'heur
Qu'aux aultres peuffe & a luy fatiffaire
I'auroys vaincu Cretin & Iehan le maire,
Qui de leur temps la palme ont emportée.

Boify. Et quelle gloire ha Boify meritée
Que nous voyons par tout fuyure la trace
De fes maieurs & treflouable race
Eftant adroict aux armes, & hardy.

Sourdy. Et qui ne fcait & congnoit que Sourdy
Eft pres du Roy & point ne l'abandonne
Tant que vertu & foing credit luy donne.
Ie nommeroys voluntiers Villeroy
Qui de fortune ha prins le bon charroy.
Auffi Babou qui eft induftrieux
Ayant du Roy les ioyaulx pretieux
Deffoubz fa charge, & en architecture
Eft vng Vitruue, embelliffant nature.

Discours de la Court.

Doibs ie laiſſer les doctes ſecretaires
Promptz & prudentz pour manier affaires?
Chaſcun cognoit Bayard & Bochetel :
Quand a Bayard, il n'en eſt point de tel
Pour bien toucher au poinct de conſequence
Tant eſt ſcauant, & plein d'experience.
Et Bochetel faiſant bien ſon debuoir
Grande bonté conioinct a grand ſcauoir.

Des Robertetz n'eſt faillye la ſcuche
Ce qui en reſte eſt de la bonne touche.

Et ne fault pas cy endroict que i'eſpargne
Duval le ſeul treſorier de l'eſpargne.
Qui eſt loyal en compte & diligent,
Et ſcait trop mieulx que manier argent.

De Laubeſpine eſt maintenant en chance
Pour bien prouuer quelle eſt ſa ſuffiſance.

D'aultres y ſont ſecretaires notables
En diligence, & de ſcauoir louables.

De Marchaulmont, du recepueur de ſens
Dire ne puis tout le bien que ie ſentz.
Et c'eſt tacher d'eſpuiſer la grand mer
De vouloir tous les illuſtres nommer.
Et meſmement les doctes perſonnaiges
En Grec, Hebrieu, Latin & tous langaiges
Dont ſort touſiours quelque propos notable
En toutes artz, quand le Roy eſt a table.

Caſtellanus digne eueſque de Tulles

Et de Mafcon qui approche de Tulles:
Et a attainct, il fault que ie le dye,
Iufques au but de L'encyclopedie.
N'eft moins loué d'eftre la paruenu,
Que par tout digne il en eft maintenu.

Colin.   Auffi l'Abbé de fainct Ambroys Colin
Qui a tant beu au ruyffeau Cabalin
Que lon ne fcait f'il eft poete né
Plus qu'orateur a bien dire ordonné
Eft du grand Roy qui les fiens fauorife,
Et les letrez aduance & authorife,
Non feulement voulentiers efcouté
Mais tant plus plaift, que plus il eft goufté.
Pour tout exemple il fuffit de ces deux,
Et touteffois puys dire fi ie veulx
Qu'en cefte court y a vne caterue
De gentz fcauantz, allaictez de Minerue,
Qui foubz le Roy defployent leur enfeigne,
Defquelz apprend, & lefquelz il enfeigne.
Et entre tous il ne fault oublyer
Celuy qui eft Euefque a Montpellier
Qui eft tenu en toure difcipline
Bien comparable (ou peu f'en fault) a Pline.
Et de Roddetz ambaffadeur a Rome
Chafcun le tient pour faige & fcauât homme,
Et fi ne veulx faillir aux circonftances
Paffer ne fault l'euefque de Conftances,

Sans le Iouer, ny celuy d'Angoulefme
Tout plein d'efprit & de fcauoir de mefme.
Auffi de Thou eft fcauant le pafteur
Qui ha bon maiftr℈, & eft bon feruiteur.
Et n'eft befoing faire grandes enqueftes
Quel fcauoir ont les maiftres des Requeftes:
Velly de foy le defcouur℈ a noz yeulx
Et en Velly le Roy le monftre mieulx.
Le Chancelier d'Alencon quoy qu'il face
Ne trouuera nul aultre qui l'efface.
Chemant eft tel qu'il a efte trouué
Treffuffifant d'eftr℈ au confeil priué,
Et promet bien que plus hault montera
D'autant que plus du Roy congneu fera.
Bayf ha bien auecques la fcience
Bon iugement & grand℈ experience.
Et Marillac a faict tresbon debuoir
En Angleterre & prouue fon fcauoir.
Et Mainus qui a trouue ceft heur
Que de meffieurs a efte precepteur,
Et maintenant en degre honnorable
Eft au grand duc d'Orleans trefaggreable,
Et fainct Gelaiz a nul aultre fecond,
Doct℈ a efcripr℈, a parler treffacond,
D'inuentions tout plein & de doctrine,
En poefi℈ & Francoif℈ & Latine.
Luy de Recluz, l'aultr℈ abbe de Beaulieu.

Maiftres
des reque
ftes.

Et Sallignac si scauant en Hebrieu,
Grec & Latin qu'entre tous se peult mettre
Pour bien iuger lesperit de la letre.
Danesius qui les plus grandz deffie
En rhetorique & en philosophie.
Salmonius qui en ses vers liriques
Cede bien peu aux poëtes antiques:
Et Rabelais a nul qu'a soy semblable
Par son scauoir par tout recommandable
D'aultres assez qui sont lampes ardantes
Pour illustrer les choses reluysantes
Dont ne se peult la memoire adnuller.

Medecis
Ne doibz ie pas en ce propoz mesler
Les medecins du grand Roy si scauantz
Que nous voyons icy plusieurs viuantz
Leur debuoir vie, au moins autant en somme
Que leur art peult en departir a l'homme;
D'estre premier merite Burgensis
Fort esprouué, & de sens bien rassis
Pour secourir la personne mallade:
Tresdiligentz sont Millet & Varade,
Et ont la grace & parolle si bonne
Que leur œil seul santé maintesfoys donne
Mais si ie veulx dechascun en effect
Toucher vng mot ie n'auray iamais faict:
Car en la court c'est vne infinité
Tant il y a de gens de qualité

Maiftres d'hoftel le premier Monchenu
Qui eft trefbon œconome tenu,
Et voulentiers auec luy nommeroys
(Car il eft vray courtifan)le Barroys,
Tant d'efchanfons,& tant de pannetiers,
Huyffiers de falle,&trenchantz efcuyers,
Varletz de chambre,& de la garde robbe,
Aufquelz ne fault que l'honneur je defrobbe
Peray,Rauftin, Briues,& le Buyffon,
Accompaignez de Lamy,& Sanfon,
Et entre tous Lauau,& Difernay,
Aufquelz le roy a fouueut ordonné
Commiffions de difficile emprife,
Ou fe font bien acquitez fans reprife.
Et fi du Roy, les barbiers y fault mettre,
Propres y font Gros boys,& Iehan le Prebftre.
    Ie me tairay des officiers menuz,
Qui a bon droict tous exemptz font tenuz
Et affranchiz de fubfides & taille,
Suyuantz le Roy,quelque part ou il aille:
Me croyrez vous?tant eft la court jnfigne
Qu'en fruicterie & iufqu'en la cuifine
Verrez trefbien deduyre vng bon fubiect
A lefcuyer Sanfon,& a Forget:
Mais qui pourroit dire par le menu
Le train qui eft en fa court maintenu?
Aulcuns y ont voulu chercher adreffe

Officiers
domefti-
ques.

Pour le refpect feulement de nobleffe
Et de feruir le Roy ont telle enuye
Que ce leur eft gaing d'y perdre la vie.
   Les grandz feigneurs y prennent alliances,
Et les petitz y font des congnoiffances,
Car cefte court perfonne ne rebutte,
Chafcun y tire ainfy qu'au blanc en butte:
Aux vieillardz c'eft fontaine de iouuence,
Et la ieuneffe aux dignitez aduance,
Les vngz y font tous chargez de promeffes
Tendantz le bec aux trefors & richeffes,
Et vont chercher en court d'or la toifon:
Non en Colchos ainfy que feift Iafon
Aulcuns en grace & credit apparentz
Gettent leurs retz pour haulfer leurs parentz,
Et tel y eft fans negoce & affaire
Qui neantmoins faict femblant de tout faire,
Et a la fuyure eft fi fort adonné
Qui fembleroyt quil y feuft encheiné.
Neceffité aulcuns y a conduict z
Qui tellement y font ftilez & duictz
Quilz ne fcauroient eftre ailleurs,& y font
Comme a cloz yeulx fans fcauoir quilz y font
Et fuyuent l'ung ainfy que le corps lumbre,
Et bien fouuent n'y feruent que de nombre:
D'autres plufieurs y vont pour leur offices:
D'aultres auffy pour auoir benefices:

Defquelz aulcũs n'y treuuét riẽs que blácque
D'aultres en ont affez pour tenir bancque.
   Il y en a,& ainfy ie le croy
Qui ny font rien qu'importuner le Roy:
De poil ardent & fi prompt d'approcher,
Quilz femblent lavenuz pour le fafcher:
Quelqu'ung y va fans y faire feiour
A qui fuffift d'y eftre quelque iour
Pour la paradẹ,& pour compter apres
Qu'il a couru en la court tout expres
Et au retour de nouueau comptera
Ce qui n'eft point, ne fut,& ne fera.
   Aulcuns y ont fe tenantz des plus fortz
Vng pied dedans,& le refte dehors:
D'aultres y vont pour eftre myeul x venuz
En leurs pays,& eftre foubftenuz
De quelque princẹ & feigneur de credit.
Fors les fafcheux nul n'en eft interdit.
Lefquelz en font reieĉtez commẹ au bort
Leau de la mer repoulfe le corps mort.
   Les gaudiffeurs qui mordent en r iant
Et ont toufiours quelque bon mot friant
Suyuyz des folz,des faiges dechaffez
Toft font congneuz & bien tard aduancez:
Et ceul x qui trop veulent réplir leurs bouge s
Soubdainf en vôt le grant chemin de Bourges.
   Innouateurs,miniftres,de menfonges,

Qui font valoir pour verite leurs songes
Apres auoir ca & la tout brouillié
S'en vont couuers de quelque sac mouillié
Et les trop fins passez par l'estamyne
A mauluais ieu y font bien bonne myne,
Car la monnoye aux vendeurs de fumee
N'y a point cours,& n'est riens estymee.

 Les glorieux braues desespecez,
Couadz defaict, de la langue asseurez
S'en vont ailleurs leurs coquilles estendre:
Car en la court il ne les scauroient vendre.

 Ceulx que lon voit corriger,tãt sont bestes
Beaucoup plustost les bonnetz que les testes,
Folz en leurs faictz,& saiges en habitz,
Ne vont pas là pour tondre les brebyz.
Et ceulx aussy qui donnent a tous bons
Treuuent en lieu dung tresor,des charbons.

 Les orateurs y portent leurs harengues,
Et les prescheurs y desployent leurs langues,
Et y sont tous pour verite prescher,

Les pres- Non pour vouloir des eueschez pescher.
cheurs. Gaigny y est,docteur si bien apris
Qu'il a gaigné en Sorbonne le pris.

 Bynet,Ory,Chantereau,Guyencourt,
De leurs sermons contentent ceste court.

 Chascun poete y voue son poesme,

Poetes. Et d'en auoir support faict son proesine:

Soyt qu'il produyſ vne tranſlation
Ou que ce ſoit de ſon inuention.

Marot y fut,& ny eſt plus Brodeau
Que la mort a caché de ſon bandeau,
Et Marot criſ,o Roy,ſur tous clement
Ne ſoyez point rigoureux a Clement.

La Maiſon neufuſ en ſon ſtilſ heroique
Philoſophiſ a ioingt a rethorique
Ou le treſor de ſon bon ſens deſploye.

Maiſtres
des reque
ſtes.

Et le gentil Macault le temps employe
Diligemment a eſcriprſ ou traduyre
Choſes qui font noſtre langue reluyre,

La Broderiſ,& Salel font merueille
De contenter la delicate oreille
De ce grand Roy,qui tout homme ſcauant
Veult eſleuer & poulſer en auant
Car touſiours tumbe au deſſoubz de ſa table
Quelque myette aux docteurs profitable:
Auec leſquelz a bon droict nommeray
Le tranſlateur d'Amadis Herberay.

Et ſi quelcun concoyt en ſon cerueau
Bon ou mauluais quelque diſcours nouueau
En court courra,ſoit pour les loix ciuiles
Ou pour ſcauoir fortifier les villes
Et ſi quelque aultre a ſouffert vng exces
En ſa perſonne,ou en quelque proces,
Et il maintient ſon iuge pour ſuſpect,

Incontinent fans nul aultre refpeƌ
On le verra faire grande pourfuitte
Pour euoquer la matierƹ introduiƌeƷ
Et pour vng riens former mille complainƌes
D'aultres auffy fe treuuent aux attainƌes
Et puys f'en vont fans congié demander,
Commƹ ilz y font arryuez fans mander.

  Chafcun y va pour y trouuer fupport
Ainfy qu'al'anchre affeureƹ & au port.
Car lon y voit fouuent tourner la chance
De pauureté extremƹ,en habondance:
Quelcung auffy y va faifant grant fefte
Qui f'en retourne apres gratant fa tefteƷ
Car il eft vray,& ne fe peult nyer
Que tel y eft euefquƹ,& puys Meufnyer.

  Surquoy fouuent a penfer me fuys mys
Prefcien
ce diuine Sy tout aduient comme dieu la permys
Selon fa feulƹ,& feure prefcience,
A qui ne peult nul faire refiftence,
Ou f'il ya icy quelque fortune
Fortune. Qui fans refpeƌ & fans raifon aulcune
Diftribuer nous puyffe le bon heur
Le grant credit, la richeffe & lhonneur,
Et qui n'eft pas aueugle feulement
Mais aueugler veult noftrƹ entendement,
N'ayant en foy fermeté,ny conftance
Ains vfurpant temeraire puyffance

Difcours de la Court.

Suz les petitz, aux plufgrans ne pardonne,
Et brouillant tout a lung plus elle donne,
Qu'il ne merite ou qu'il n'a efperé,
Lautre par ellø a long temps profperé
Qui tout foubdain a moins de clyner loeil
En lieu de ioyø, helas meine grant dueil
Tant qu'on leftimø eftre m onté bien hault
Pour recepuoir apres vng plus grant fault:
Qui faiĉt cela?eft ce par accident,
Ou par vouloir fatal & euident
De dieu, qui feul difpofe toutes chofes?

Telz iugemétz pour moy font letres clofes
Les myeulx voyans n'y voient quafy goutte,
Les plus certains y font fouuent grant doubte
Les plus fcauantz n'en fcauent que par foy,
Les myeulx croyans n'y fcauroiét dóner løy:
Et ceulx qui ont les meilleures oreilles
N'entendent rien du tout en telz merueilles.

C'eft vng abifmø ou nul ne peult attaindre:
Il nef'en fault enquerir, Mais les craindre:
Et n'appartient a creaturø humaine
D'aller cercher la fource & la fontaine
De telz fecretz, car la clarte diuine
Qui noz efpritz aueuglez illumine
Eft fi luy fantø, & geĉte telz rayons,
Qu'impoffible eft qu'efblouys ne foyons
Quant on la veult de trop pres regarder

Les iugementz de dieu.

Le beau vifaige il ne fault point farder,
Car lon deftruict la naifue beaulté:
Auffy pour vray la curiofité
Nous faict tumber par folle affection
En herefie ou fuperftition.

Colin. Croyre fuffift que de Dieu le pouoir
Eft tout efgal a fon diuin vouloir
Que luy feul peult les cornes abaiffer
De ceulx qui trop fe font vouluz haulfer
Qu'il peult(non autre)a fon gré tout deffaire,
Qu'il eft tout bon,& ne fcauroit mal faire,
Que de tout temps il voit tout & preuoit,
Que feul a tout par fa bonté pouruoyt,
Que tout aduient comme il a decreté
Par fon vouloir,non par neceffité
Qu'il eft en nous du bien le feul autheur
Qu'il eft le maiftre,& que le feruiteur
Saichant la fin a laquelle il eft né,
D'auoir fa grace,ou d'eftre condemné
Chercher ne doibt les caufes des effectz
Qui font par luy commencez & parfaictz
Mais fi quelcun perd eftat ou office,
Il doibt penfer fi c'eft point par fon vice,
Car ce feroit trop enorme blafpheme
D'en accufer vng aultre que foymefme
Veu que ce n'eft ny l'erreur de nature,
Ny le deffault d'une aultre creature,

Ny de fortune, ou de la prescience
De Dieu, qui ha la certaine science
De l'aduenir, du present, & passé,
Et son arrest ne peult estre cassé :
Mais soit arrest, ou soit permission,
De nous prouient nostre perdition.
Et soit malheur, ou soit felicité,
Icy n'auons permanente cité.

Qui est de bout, regarde de ne cheoir,
Ce qu'a vng aultre aduient luy peult escheoir:
Soit bien ou mal, soit plaisir ou soit dueil,
Certes autant il luy en pend a l'œil :
Et celuy la qui n'a le vent a gré,
Et se voit cheut de quelque hault degré,
Ne se doibt pas du tout desesperer :
Mais en son cueur tousiours considerer
Que de vertu la grande fermeté
Ne se parfaict fors en infirmité.
Et qui veult bien par raison se renger
Soymesmes doibt, & non aultruy iuger :
Car c'est au Roy, & qui l'engardera
D'esleuer ceulx que bon luy semblera?
Et ceulx aussi qui seront exaulsez,
Quand luy plaira se verront abbaissez.

Cela n'est point fortune, a bien l'entendre,
C'est vng secret de Dieu, pour nous apprendre
Quelle est la force & puissance des hommes,

H

Et que fans luy moins que paille nous fômes,
   Affez en eft qui y fement leurs biens,
Et hors la Court n'eftiment eftre riens.
Aulcuns y vont pour la feule vertu
Et du furplus ne donnent vng feftu.
La plufgrand part y va cueillir la gerbe.
D'aultres auffi mengent leurs bledz en herbe.
C'eft la grand mer ou toute chofø abonde,
Et ou tout fleuuø & fontaine redonde.
Brief, de bon lieu n'eft venu qui n'y court.
   Pardonnez moy fi parlant de la Court
Ie parle plus langaige d'artifan
Que d'loquent & gentil courtifan.
Et fi quelqu'ung fe trouuoit offenfé,
Ie luy refpondz qu'en luy ie n'ay penfé:
Car qui le mal en general blafonne
Ce bien y a, qu'il ne taxe perfonne.
Et ie ne veulx eftre pris pour efpie,
Ny caqueter commø en caigø vne pie.
   Il y a gentz de toutes nations,
Italiens tous pleins d'inuentions.
   Venife riche y meine grand practique
Pour conferuer toufiours fa Republique.
   Rome la fainctø y enuoye difpenfes,
Bulles, indultz, pardons, & indulgences
Pour maintenir en feure liberté
Le fiege fainct & la chreftienté,

Qui n'a souftien plus certain que des Gaulles.
  Plufieurs Lombardz y haulfent les efpaulles
En attendant de Millan l'entreprife.
  Les Florentins y crient fans fainctife
Leur feigneurie a tort eftre vfurpee.
  Et Allemaigne en maintz lieux occupee
Pour reformer (foit a tort ou a droict)
Tous les eftatz qui croyre l'en vouldroit
Enuoye en Court pour auoir vng Concile:
Mais en ce temps il eft trop difficile,
Car l'Empereur qui fainct d'eftre fafché
Qu'on ne le tient, l'ha toufiours empefché.
  Lon voit auffi (dont nous doibt fouuenir)
Roys, Empereurs, & Papes y venir.
  Le puiffant Roy d'Angleterre n'y vient
Sinon alors que la caufe y furuient.
  Et Henry Roy du peuple Nauarroys
Tant eftimé entre les aultres Roys
Que le grand Roy (il eft notoire & feur)
Pour fes vertus luy a baillé fa fœur,
En cefte Court a choify fa demeure.
  Le Roy d'Efcoffe y receut en peu d'heure
Plufieurs hôneurs & biens, lors qu'en téps deu
Y fut pluftoft arriué qu'attendu.
Et que le ciel tant le fauorifa
Que du grand Roy la fille il efpoufa.
  Le noble Duc & faige de Lorraine

Y eft aymé c'eft chofe bien certaine.
　Taire ne puis que ma dame Renee
L'ung des fleurons de Royalle lignee,
Dame en vertus treffinguliere & rare
Cherchee y fut par le Duc de Ferrare.
　Cleues auffi Duc de grande efperance
Et de vertu y a pris l'alliance
(Pour f'affeurer & en paix & en guerre)
De la princeffe ynique de Nauarre.
Ie dys ynique, a fuyure & imiter
Ce que ie croy qu'on ne peult limiter
Tant eft parfaicte & digne de la mere
De qui l'abfence au Roy mefme eft amere.
　Icy me rend fterile l'abondance
Et ignorant me faict la congnoiffance,
Car il y fault comprendre tous eftatz.
Ambaffadeurs de Roys & potentatz,
Qui bien fouuent fe treuuent pefle mefle.
L'ung ne faict rien, l'aultre de tout fe mefle.
Tant d'officiers, gouuerneurs de prouinces,
Tant de feigneurs de vieulx & ieunes princes,
Tant de maifons nobles & anciennes
Que le grand Roy peult dire toutes fiennes.
Car tant plus grans font les feigneurs en Fráce
Tant plus au Roy portent d'obeiffance.
　Mais i'en puys bien vng grád nóbre oublier
Qui font de nom : Et le grand efcuyer

Qui a changé floriffante ieuneffe
En vertueufe & louable vieilleffe,
Se monftrant grand par tout, ne doibt il pas
Clorre a bon droict des illuftres le pas?

    Rohan, Poinctieure, Humieres, & Laual,
Lorges, Sedan, Canaples, Longueual,
Iarnac, Dampierre, & Briffac, & Defcars,
Du bellay, Tais, d'aultres de toutes partz,
Broffe, Mouy, Douarty font tous dignes
D'eftre nombrez auecques les infignes.

    Mais eft il vray, ou fi ie l'ay fongé
Que la mort a pris le fieur de Langé?
O grande perte, & dont France foufpire,
Long temps y a qu'il n'en aduint de pire:
C'eftoit vng ange en homme transformé,
Et maintenant il eft ange formé,
Tant f'eft monftré vertueux & fcauant,
Encor eft il en fes freres viuant.
Du Mans l'euefque eft fi bon, que fa peau
N'efpargneroit pour garder fon tropeau.
Et le petit Roy d'yuetot ne ceffe
D'acquerir bruyt par vertu & proueffe.
En proteftant que ceulx que i'ay laiffez
Ne fe pourront eftimer offenfez:
Car ie ne puys tout congnoiftre & fcauoir,
Et fcay tresbien que ie n'ay le fcauoir
Pour obferuer de poinct en poinct les chofes

Qui au dedans de la Court font enclofes.

C'eft tout triumphe & toute feigneurie.

Ie n'ay rien dict de la Chancelerie

La chan-
celerye.

Ou fault paffer pour les prouifions

De la Iufticẹ,& les conclufions

D'affaires grandz,d'eftatz & de finances,

De dignitez,& de præeminences

Que mon efprit ne fcauroit concepuoir.

Et auffi peu louer pour le debuoir

Le grant
confeil.

Le grand confeil,ou les iurifperites

Qui fcauent tous edictz & loix efcriptes

Sont affemblez auec vng Prefident

Ce que iamais ne fut au precedent.

Mais le grand Roy y a Breflay commis

Pour fon fcauoir, non par fupport d'amys.

Ie n'ay parlé des fingularitez

Des paffetemps,& tant de nouueaultez

Que lon y voit,du deduict de la chaffe

Qui hors la Court toute oyfiueté chaffe,

Et contre vicẹ eft vne fauluegarde.

I'ay delaiffé les archiers de la garde

Qui font le guet pour ofter tout mefchief.

Et ceulx qui font capitaines en chief

Cappitai
nes, & ar
chiersdes
gardes.

Le marefchal tant loué d'Aubigny

Auquel comuient conioindre Chauigny,

Le fenefchal D'agenes,& Nanfay,

Qui ont des biens plus que dire n'en fcay.

Et des preuoftz de l'hoftel qu'en diƈt on?
Le Roy y a nagueres mis Genton
Auec La voultƶ, eftimant qu'ilz feront
Pour bien renger ceulx qui faulte feront
A contenter leur hofte, & es villaiges
Reprimeront des varletz les oultraiges.
Chofe non moins bonne que neceffaire,
Et plus ayfeƶ a commander qu'a faire,
Tant puiffent eftrƶ & promptz & diligentz :
Car il y a trop de fortes de gentz.
        Mais fi quelqu'ung allegue les trauaulx
Qu'en court lon treuuƶ, & p montz & p vaulx
Le mal, le foing, les charges & ennuys
Qu'aulcuns y ont & les iours & les nuiƈtz,
Ie le fupply qu'il confidere bien
Quel aduantaige il en vient, & quel bien.
Trop eft heureux le trauail & la peine
Qui tant d'honneurs aux courtifans ameine.
Quoy ? vouldroit on viure fans trauailler ?
C'eft la fanté de fouuent changer l'air,
Le peu dormir, endurer chauld & froid
Rend l'homme fort, plus allaigre & a droiƈt.
Et a l'efprit c'eft plaifir aggreable,
Et non pas moins vtilƶ & profitable
Veoir les pays, congnoiftre les humeurs
Des nations, leurs langues, & leurs meurs.
Ainfi le corps & l'efprit en tout temps

Preuoftz
delhoftel

Entretenuz par raifon, font contentz.
Et tant y a en court de chofes belles
Que chafcun veult en fcauoir des nouuelles.
Chafcun f'enquiert qu'on y faict, qu'on y dict,
Qui eft en grace, ou qui eft interdict,
Qui eft au plein, ou qui eft en decours.
Il n'eft celuy qui n'en face difcours.
Et la nobleffe affemblee & vnie
Pour bien feruir le Roy eft infinie:
Car vng chafcun complaire luy defire,
Et cefte court petitz & grandz attire
Mieulx que n'attract l'amye fon amant,
Mieulx que le fer n'attir a foy l'aymant,
Et tous y vont comme la mouche a myel
Prendre le doulx, & delaiffer le fiel:
Cherchant toufiours faueur, auffi fault il
Pour mieulx tirer le fubtil du fubtil.

Faueur.

Cefte Faueur eft bien accompaignee
Chafcun la fuyt, de nul n'eft defdaignee,
Et comme il plaift au Roy elle eft veftue.
Par luy feul eft haulfee ou abbatue:
Car pour certain feulement eft nourrye
De fon bon oeil, qui iamais ne varie.
Et f'il le tourne ailleurs en quelque forte,
En vng moment Faueur eft pys que morte:
Et n'eft de nul aymee ne fuyuie,
A dire vray elle ha perdu la vie.

Et n'eft ce pas la raifon que le maiftre
Monftre a faueur que fans luy ne peult eftre?
   Quand on la voit changer d'accouftrement
C'eft a luy feul d'en faire iugement.
Mais quoy que foyt toufiours eft accouftree
D'habicz pompeux:& en toute contree
On la cognoift, vng chafcun parle d'elle
S'on luy a point roigne quelque bout d'æfle:
Quelz gentz elle ha, & de quelle conduyçte:
Sy elle a grande, ou trop petite fuyte.
   Icy deffus beaucoup de chofes penfe
Que ie ne puys bien dire qu'en filence:
Mais ie diray que faueur en fa malle
La pierre auoit qu'on dict Philofophale
Et l'almanach portoyt en vne main
Pour bien fcauoir iuger du lendemain,
Et difcerner le temps, quand il faiçt bon
Parler au Roy, f'en approcher, ou non.
D'aultre cofte vng horloge tenoyt
Dont la bonne heure, & mauluaife fonnoyt:
Car celuy la qui d'elle eft fupporté
Ne peult auoir ennuy ny pauureté.
   Sy a quelqu'ung elle dict, dieu vous gard
Ou feulement luy geçte vng doulx regard,
Il penfera eftre au deffuz du vent,
Quoy que faueur penfe ailleurs bien fouuent
   Sy a vng aultre elle efcript en effeçt

I

Ce qu'elle veult n'eſt ſi toſt dict que faict.
Et tout ſoubdain ſoit en proſe ou en metre
A vng chaſcun il monſtrera ſa letre :
Et en faict cas comme ſi fuſt triacle
Pour le venin, ou d'Apollo l'oracle.

    Elle pouruoit les loyaulx feruiteurs
Sans eſcouter les affectez menteurs :
Et de ſa chambre a nul n'eſt l'huys ouuert
Fuſt il du tout veſtu de veloux verd
S'il n'eſt congnu. Chaſcun d'elle ſ'approche
Quand il y a quelque anguille ſoubz roche,
Afin d'auoir portion au gaſteau,
Et ſe faict bon couurir de ſon manteau.

    Lors que du Roy elle a eu bon viſaige
Vous la verrez accouſtrer ſon pennaige,
Se dreſſer hault, aux grandz ſeigñrs ſoubzrire
Et n'oſeroit perſonne la deſdire.

    Elle many̆e affaires d'importance,
Et ha beſoing de grande vigilance.
Les pacqtz ouure, & nuict & iour ſ'empeſche
A recepuoir, ou a faire deſpeſche.
Touſiours trauaille & iamais ne ſommeille,
Ayant du Roy le bon œil & l'oreille :
Mais de ſcauoir iuger ce qu'elle dict
Il n'appartient qu'a ceulx qui ont credit.
Auſſi elle eſt par tout tresbien logee
Et n'eſt iamais des fourriers eſtrange.

Difcours de la Court.

Dame Opulence eft tout vys a vys d'elle
Et n'eft celuy qui ne la treuue belle.
Chafcun l'honnore,& chafcun en dict bien.
Chafcun efpere,& en attend du bien.
Huyffiers elle ha qui crient gare gare
A tous propos afin que ne f'efgare.

De requerantz eft toute enuironnee
Et ne fe paffe vne feulle iournee
Qu'elle ne face ou donner benefices
Aux gentz fcauantz,ou les pouruoir d'offices.
Et quand on voit qu'elle fort d'une place
Tont fe remue,& n'a pas bonne grace
Qui ne luy faict reuerence & honneur :
Car c'eft la fille aifnee de bon heur,
Que du grand Roy la liberalité
A de tout temps nourry & allaicté.

Et fault fcauoir que cefte grand faueur
Dont ie vous parle,ou chafcun prend faueur,
Ne f'eftend point finon aux vertueux,
Mais d'y toucher trop fuis prefumptueux.
Ie l'ay bien veue,& iamais ne m'a veu.
S'elle me voit en brief feray pourueu,
Et n'aduiendra que de la court ie forte
Le defir vif,& l'efperance morte.

Si veulx ie bien(fi ie puis) me garder
D'eftre importun,& n'ofe regarder
Du cabinet de faueur la grand porte,

Difcours de la Court.

Dont fans doubter le Roy feul la clef porte
Pour obuier a tous noz accidentz :
Et fcait luy feul tout ce qui eft dedens.
Parquoy icy fur la faueur concludz
Que moins en fcait qui penfe en fcauoir plus.
Et de la Court tant ne fcaurois efcripre
Que plus ne foit ce qui en refte a dire,
Dautant que c'eft vng paradis terreftre,
Et eftre ailleurs au monde n'eft pas eftre.

In fpe contra fpem.

www.ingramcontent.com/pod-product-compliance
Lightning Source LLC
LaVergne TN
LVHW022116080426
835511LV00007B/861